Antonio Mira de Amescua

Galán, valiente y discreto

Edición de Vern Williamson

Barcelona **2024**
Linkgua-ediciones.com

Créditos

Título original: Galán, valiente y discreto.

© 2024, Red ediciones S.L.

e-mail: info@linkgua.com

Diseño de cubierta: Michel Mallard.

ISBN tapa dura: 978-84-1126-134-0.
ISBN rústica: 978-84-9816-089-5.
ISBN ebook: 978-84-9897-564-2.

Sumario

Brevísima presentación

La vida

Antonio Mira de Amescua (Guadix, Granada, c. 1574-1644). España.
De familia noble, estudió teología en Guadix y Granada, mezclando su sacerdocio con su dedicación a la literatura. Estuvo en Nápoles al servicio del conde de Lemos y luego vivió en Madrid, donde participó en justas poéticas y fiestas cortesanas.

Personajes

Serafina, duquesa de Mantua
Porcia
Elisa
Don Fadrique
Ramón, escudero
Flores, gracioso
Duque de Ferrara
Duque de Parma
Duque de Urbino
Maestro de sarao
[Músicos]

Jornada primera

(Salen Porcia y Serafina.)

Porcia

Desde que murió tu hermano
el silencio y la tristeza
dan sombras a la belleza
de ese rostro soberano.
   Cuando a Mantua has heredado
ivives con melancolía?

Serafina

Sí, que es grande la porfía
de un desvelo y de un cuidado.

Porcia

Dime, ¿qué cuidado esfuerza
tu desvelo y tu pesar?

Serafina

El no inclinarme a casar
y haberlo de hacer por fuerza.

Porcia

Mudable es la inclinación.

Serafina

Hombres y bodas me ofenden.
Son muchos los que pretenden
y temo errar la elección.

(Sale Elisa.)

Elisa

Un loquillo de buen gusto
llevan a Florencia, y fuera
quien algún placer te diera.

Serafina

Cualquier loco me da susto;
   que pienso cada momento

que se enfurece.

Elisa

       Imagino
que es simple por un camino
que te habrá de dar contento.
   De aquí no quiere pasar
y aquésta es locura nueva
dice el hombre que le lleva.
Si gustas le haré quedar.
   Toda su locura es
decir de españoles mal,
siendo apacible y leal
a los suyos, que es francés.
   Jugar sabe al ajedrez
y jugar contigo puede.

Serafina

Si no es furioso, se quede.

(Vase Elisa.)

Porcia

Ya habrá quien alguna vez
   te divertirá.

Serafina

     Si el casarse
es un vivir con morirse,
¿por qué muerte ha de decirse
aquello que es cautivarse?
   Mal mi cuidado se olvida
porque es una acción incierta
que se yerra o que se acierta
por el tiempo de la vida.
   El errar en otra acción
disculpa puede tener,
y así en ésta es menester

más cuidado y atención.

([Salen Elisa] y Flores, gracioso.)

Flores
Guarde Dios la buena gente
y guarde también la mala,
por si hay de ella en esta sala.
Pero mi malicia miente,
   que entre damas tan hermosas
cosa mala no se halló.
¡Pardiez, a ser Paris yo,
fuérades las tres las diosas!

Serafina
¿La manzana a quién se diera?

Flores
Para quitarme de dudas...
si Paris las vio desnudas,
¡ropa fuera! ¡Ropa fuera!

Serafina
¿Cómo te llamas?

Flores
   ¿Quién vio
tan necia pregunta, di?
Otros me llaman a mí
que no he de llamarme yo.

Serafina
Tu nombre pregunto, amigo.

Flores
¿Quién es un santo varón
con esclavina y bordón
que trae un perro consigo,
   con un pan, sin que le asombre
el verle una llaga aquí?

Serafina	San Roque.
Flores	San Roque, sí. Luego, ya sabías mi nombre.
Serafina	¿Y de dónde eres?
Flores	No soy de la tierra; solo he sido pues de la tierra he salido, y a ella caminando voy.
Serafina	Sentencioso quiere ser.
Elisa	Dizque es poeta, señora, y sin sentidos; una hora se está para componer sus metros.
Serafina	¡Loco discreto! Hazme unas coplas a mí.
Flores	Siéntome pues, porque así he de pensar un soneto.

(Siéntase y escucha lo que hablan.)

Elisa	Muchos pretendientes vienen; que han llegado de camino el de Ferrara y Urbino.
Serafina	Con pesadumbre me tienen.
Porcia	¿Si vino el de Parma ayer?

12

Elisa	Sí.
Porcia	Tres potentados son.
Elisa	Don Fadrique de Aragón también vino a pretender.
Porcia	¿Quién es ese caballero?
Serafina	Pobre, pero celebrado, noble, pero desgraciado.
Porcia	¡Oh, que mal es ese «pero»!
Serafina	Deudo dicen que es cercano del rey de Nápoles, Sol de Italia.
Elisa	¡Medio español y medio napolitano! Presumido y codicioso tu estado pretenderá.
Serafina	Hacer imagino ya un examen riguroso de todos mi pretendientes; ¿ese loco nos ha oído?
Elisa	Él está muy divertido y rumiando allá entre dientes sus consonantes.
Serafina	Despeje.

Flores	Consonantes hay a boca: toca, loca, enboca, choca.
Elisa	¿Qué importará que le deje si es loco y se divirtió?
Serafina	Dices bien, que no embaraza.
Flores	Plaza, caza, calabaza, carroza... ¡Carroza, no!
Serafina	Digo, Porcia, que me ofende ver que mis estados sean lo que esos hombres desean pues ninguno me pretende a mí por mí solamente. Cuando mi hermano vivía, ¿cómo entonces no tenía amante ni pretendiente? Ello es codicia y no amor lo que a estos cuatro ha traído; imaginar que yo he sido la deseada es error. Una industria percibí: caprichosa pienso ser. Yo he de examinar y ver quién me quiere a mí por mí y no por mi grave estado.
Porcia	Dificultoso será pues cada cual mostrará que ha venido enamorado. Servir y galantear

es fácil al que enamora
y muchas veces, señora,
vale más fingir que amar.
   ¿Quién penetra la intención
ni cuáles ojos discretos
son linces de los secretos
que están en el corazón?

Serafina   Porcia, muy posible es todo;
humano lince he de ser.
Yo le tengo de saber.
Escuchad ambas el modo:
   las dos en grave clausura
siempre encerradas nos vimos,
y, como dicen, vivimos
en hermosa sepultura.
   Nadie me vio en la ciudad.
Si mis criados prevengo,
logrado el capricho tengo
con mucha facilidad.
   Piense cualquier que hoy
ser mi pretensor profesa
a que eres, Porcia, la duquesa,
y que yo la Porcia soy.
   El papel de Serafina
has de hacer cuando nos vean
esos que a Mantua desean
y si alguno se me inclina
   como a Porcia y como a pobre,
será amante verdadero
y tendrá el lugar primero
aunque hacienda no le sobre
   en aquesta pretención.

Porcia	¿Podrá estar secreto?
Serafina	Sí;

porque los hombres que a mí
me conocen pocos son,
  y no saliendo de casa,
con cuidado viviremos
y más, que nos parecemos
algo las dos.

Elisa	¿Y si pasa

de nosotras el secreto?

Serafina	Cuando esto se haya sabido,

como dicen, ¿qué hay perdido
sino solo este conceto
  que formé? Pero verás
como le he de conseguir.

Porcia	Desde hoy comienzo a fingir.

Serafina	Más he pensado. Oye más.

  Podré en cualquier ocasión
que ellos se juntan aquí
ser yo más dueño de mí
siendo la conversación
  contigo. Escuchando yo,
podré notar en efeto
cuál es más cuerdo y discreto.
Y hasta agora no se vio
  condición como la mía.
El que inclinarme quisiere
será solo el que tuviere
gala, ingenio y valentía.

Con eminencia «galán»
quiero que el amante sea
que en él la virtud se vea
que en los diamantes que están
  cuando brutos deslucidos
como piedras ordinarias,
y visos de luces varias
exhalan cuando pulidos.
  También lo quiero «valiente»
que el ánimo y corazón
muestran quien es el varón
que debe ser eminente.
  Con estas dos calidades
satisfechos y advertidos
quedan los ojos y oídos;
pero si el ingenio añades
  cesará el conocimiento
de mi noble inclinación,
pues será la «discreción»
la luz del entendimiento.

Porcia   Y, ¿cómo ha de ser —me di—
que esa noticia tengamos?

Serafina   Quiero que un festín hagamos
en casa esta noche. Así,
  cogiéndolos sin pensar
quién es más galán veremos
y para los dos extremos
que faltan, habrá lugar.

Flores   El soneto acabé. Plaza,
que mi musa no está loca.
....

....

A la duquesa alabará mi boca
si el cielo me la libra de mordaza.
¿Quién vio pálida flor de calabaza
trepando por las puntas de una roca?...

Serafina   En verso medido empieza.
Id delante y proseguid.

Porcia   Elisa y Porcia venid.

Serafina   Vaya al jardín vuestra alteza.

(Vanse. Salen Urbino, Ferrara y Parma.)

Ferrara   Hermosa es Mantua.

Parma   Es empeño
de quien la fama ha salido.

Urbino   Mi imán poderoso ha sido
la belleza de su dueño;
ella me trae solamente.

Parma   ¿La habéis visto?

Urbino   Nunca.

Ferrara   ¿Pues?

Urbino   Tan grande su fama es
que si en cuatro partes miente
le ha de quedar hermosura

para ser la más hermosa
Venus que tiñó la rosa
de carmín y sangre pura.

No ha sido la antigüedad
tan celebrada; de modo
que aunque no la imite en todo
será inmensa su beldad.

Las cosas grandes no pueden
ser pintadas como son
porque la misma opinión
las mismas cosas exceden.

Un ciego ver deseaba
el hermoso rosicler
del Sol, y para saber
a todos lo preguntaba

cuál la pintaba y decía
que era un orbe de luz varia
y singular luminaria,
padre y principio del día;

cual le exageraba que era
una luz con movimiento
que a faltar conocimiento
de Dios, adorado fuera.

Vio después el arrebol
celeste, y con regocijo.
«Nadie supo pintar —dijo—
cómo es el Sol sino el Sol.»

Así cuando contemplemos
la hermosura y Sol divino
de la duquesa, imagino
que admirándola diremos:

«¡Oh, Venus humana! ¡Oh, dama
nacida de otras espumas!
Mudas lenguas, toscas plumas

han sido las de la Fama.
De la elocuencia y el arte
poco encaercida fuiste.
Solo tú misma supiste
describirte y alabarte.»

Vos, señor duque de Urbino,
ya tendréis noticia de ella;
yo alabara su luz bella
por diferente camino.
Un hombre que deseaba
casarse en otra ciudad
si no con curiosidad
con afecto preguntaba
a cuantos de allá venían
si era gallarda y hermosa
la que eligió para esposa
y todos le respondían:
«Señor, no la conocemos.»
Y esto que pudo templar
su amor, le pudo aumentar
con singulares extremos
diciendo: «Si no es hermosa
para que el gusto la goce,
mujer que nadie conoce
es honrada y virtuosa».
Esto me acontece a mí;
si es hermosa e preguntado
y ninguno me ha informado
todos dicen: «No la vi».
Y yo a tanta novedad
digo admirado: «Mujer
que no se ha dejado ver
mucho tiene de deidad».

20

Parma
       Duque de Ferrara, o sea
malicia o atrevimiento
yo saco de ese argumento
por consecuencia que es fea.
       La luz no puede encubrir
visos de púrpura y nieve
que aun en un átomo breve
suele brillar y lucir.
       Confieso mi desvarío.
Ni dudando ni creyendo
por otra razón pretendo:
su estado cae junto al mío.
       Soy amante en apariencia
y vuestro competidor;
lo que me falta de amor
me sobra de conveniencia.

Urbino
       Confesando esta verdad
el de Parma nos confiesa,
sin ofender la duquesa,
que es mucha nuestra amistad;
       y así, pues amor honesto
celos ni envidias permite,
cada cual se solicite
su dicha sin que por esto
       el que más acepto fuere
tenga emulación ninguna.
Dé el Amor o la Fortuna
esta dicha a quien quisiere.

Ferrara
       Sin dar envidias el Sol
sus rayos da de rubís.

Parma	Y los dos, ¿qué me decís de este arrogante español que sin hacienda ni estado a título de pariente del rey don Alfonso intente lo que habemos deseado?
Urbino	Casi solo se ha venido y así en nuestros galanteos, en festines y en torneos, ha de quedar deslucido.
Parma	Pues, amigos, torneémos y la sortija corramos, justa y máscas hagamos, deslucido le dejemos.
Ferrara	Él viene y querrá tratarse con nosotros igualmente.
Urbino	Por agora es conveniente sufrirse y disimularse; mas estando en la presencia de la hermosa Serafina, sufrillo no determina mi cordura o mi paciencia.
Ferrara	Lleve desaires iguales a la soberbia que tiene.
Parma	Aquí a propóstio viene. Hablarle en impersonales.

(Salen Fadrique y Ramón, su criado.)

Fadrique	Guarde Dios a vueselencias con salud y larga vida.
Urbino	Guarde al señor don Fadrique.
Parma	¿Quién dudará que le obligan venir a Mantua retratos de la hermosa Serafina?
Fadrique	Bien puede dudarlo el duque porque no tengo noticia que haya retrato ninguno de beldad tan exquisita. Y si dicen que a Alejandro retratarle no podía sino Apeles, ¿qué pincel a los perfiles y líneas de esta deidad se atreviera, sin temblar en la osadía la mano al tieno arrimada, y sin turbarse la vista a los rayos de sus ojos; mayormente si se imitan mal dos cosas con el arte, agua y luz? Cosa es sabida que los vivos y excelentes objetos turban o quitan nuestros sentidos; al Sol, cuando llega al mediodía, ¿qué ojos de águilas y linces hay que sus rayos resistan? Cuando por las siete bocas el Nilo se precipita,

sordos deja a los que moran
en las riberas vecinas.
La nieve que en los riscos
está, en tálamo antigua
el tacto humano entorpece;
la oriental especería
y los aromas suaves
que en la Arabia fructifica,
el olfato alteran siempre
a quien por ella camina.
El néctar dulce que labra,
chupando flores en Hibla,
la avejuela estraga el gusto.
Siendo esto así, ¿quién podía
retratar rayos de luz
mirando nieve tan viva,
atendiendo y resistiendo
los aromas que respiran,
las razones que pronuncian
de elocuencia peregrina?
¿Quién a un objeto tan alto
reducir pudo a medida
y proporción con el arte,
copiando luz tan divina?

Urbino   ¡Oh, qué afectado discurso!

Parma   Dejémosle que prosiga
                con su escudero.

Ferrara   El señor
                don Fadrique se publica
                enamorado y leído.

Parma	Bien dijimos que venía con pretenciones a Mantua.

(Vanse los duques.)

Fadrique	Discretos son si adivinan eso los señores duques.
Ramón	Éstos con celosa envidia te han hablado descorteses.
Fadrique	Con igual descortesía serán tratados de mí.

(Sale Flores, de galán gracioso.)

Flores	Hallaros solos es dicha.
Fadrique	Seas, Flores, bienvenido, ¿qué tenemos?
Flores	Que la vida pienso dar en tu servicio. Salió bien la industria mía. Fingíme loco, mandóme que en su casa y corte asista y así de su pensamiento tengo de ser una espía. Advierte en pocas palabras que a Porcia manda que finja ser la duquesa, porque ella fingirse quiere su prima para ver si de esta suerte a su hermosura se inclinan.

Fadrique	¿Es hermosa?
Flores	¡El mismo Sol! Es la aurora y es el día; es la tarde y no es la noche. Mujer es que se encapricha. Esta noche hay un sarao y en ella Porcia fingida quiere examinar quién es el más galán; no se vista aquel pájaro que dicen que nace de sus cenizas más galán que tú, señor. Ven, pues, y al abril imita, duque de Mantua has de ser. Y alerta, mira que sirvas a la que se llama Porcia. Advierte que es Serafina. No enamores la duquesa.
Fadrique	Si me industrias, si me avisas de lo que pasa en palacio, la duquesa será mía.
Flores	Será tuya la más bella que los campos vieron ninfa. A mi sayo gironado y a mi ignorancia y malicia me vuelvo; queda con Dios, y de mi ingenio te fía.

(Vanse y sale Serafina. Decoración de jardín.)

Serafina
        Este jardín ameno
de flores, plantas y de frutas lleno,
los cielos nos retrata;
ese estanque de plata
el cielo es cristalino.
Las ruedas de esa azuda que es camino
del agua artificioso
son móbiles primeros;
las rosas son luceros
del firmamento hermoso;
las otras flores bellas
el numeroso ejército de estrellas.
El girasol que mira
al poniente una vez y otra al levante,
el Sol, que el cielo gira,
y la Luna menguante,
o ya de su luz llena
la cándida azucena;
estrellas, Luna, Sol, fuentes y flores
todo me enseña amores,
y yo sola me hallo
sin saber qué es amor ni deseallo.
Esa hiedra se enlaza
y el tronco de dos álamos abrasa;
allí la flor de Clicie pena amando,
a Apolo va buscando;
trepar quiere la muerta por la parra,
y amando la violeta a la pizarra
besándola ha nacido;
allí canta en su nido
el ruiseñor amores;
allí rayos del Sol aman las flores;
allí las fuentes quiebran
su cristal, y celebran

la jornada que hacen
al mar de donde nacen,
y a quien, enamoradas
se vuelven despeñadas;
las hiedras, Clicie, murta, fuentes y flores
todo me enseña amores,
y yo sola me hallo
sin querello aprender ni deseallo.

(Sale Porcia.)

Porcia   ¿Sola vuestra alteza?

Serafina   Sí;
                      aunque no estoy sola digo
                      las veces que estoy contigo.

Porcia   Un sabio me dijo así.
                        Ya están los competidores
                      avisado y vendrán.

Serafina   Di, Porcia, ¿qué fingirán?
                      ¿Que vienen muertos de amores?

Porcia   ¿Dónde ha de ser el festín?

Serafina   Paréceme que es mejor
                      en aqueste cenador,
                      palacio de ese jardín.

(Sale Flores, de loco.)

Flores   Alerta, madama mía,
                      que hay marranos en campaña.

28

Porcia	¡Todo es tema con España! Mira, Roque, yo querría que me digas la ocasión de querella mal.

Flores	Diréla:
	Yo anduve con una muela
	cantarillo y caretón.
	  «Amolar cuchí», decía,
	y con esto eché sin cuenta
	a perder cuanta herramienta
	en la pobre España había.
	  De un lugar a otro pasaba
	y un español encontré,
	gallego pienso que fue
	pues descalzo caminaba.
	  Con un río nos topamos
	y el que descalzo venía
	dijo que me pasaría
	con que en la venta bebamos
	  a mi costa. Yo acepté,
	y estando en medio del río
	díjome el caballo mío:
	«¿Francés?» Respondíle: «¿Qué?».
	  Replicóme: «Di, ¿cuál es
	—sin mentir ni estar medroso—
	cuál es rey más poderoso,
	el español o el francés?».
	  Yo le dije con temor:
	«Tu rey tiene más poder.»
	Y dejándome caer,
	me dijo: «¿A tu rey traidor?».
	  Escapéme de ahogado

y cuantos así me veían,
me tiraban y decían:
«Gabacho, pollo mojado.»

Porcia

Ya no me espanto que tengan
enojado a Roque así.
Porcia, traigan luz aquí.

Serafina

¿Vendrán los músicos?

Porcia

Vengan.

(Vanse las damas.)

Flores

Heme aquí loco en juicio,
muy falso y muy socarrón,
como muchos que lo son
por holgar y andar al vicio.
En las cortes y palacios
usan mucho de esta treta.
Uno haciéndose poeta
y borrando cartapacios
si no de Apolo de Baco,
hace versos de horizontes,
ecos, relaciones, montes,
y no es loco, que es bellaco.
Otro insulso majadero
cargado de hábitos hay,
tan sin donaire que trae
en la boca al mismo enero.
Otro que anda todo el día
lleno de ocio y de pereza,
la capilla en la cabeza
con presunciones de espía.

Otro locuras fingía
y a sus bodas convidaba,
diciendo que se casaba
con cierta señora. Un día
  con doscientas le amagaron,
y a su seso se volvió.
Ya la músico salió
y los tres duques llegaron.

(Sale Urbino.)

Urbino

  Bello jardín, tu belleza,
aunque irracional y muda,
remedando está sin duda
la hermosura de su alteza;
que al pintar naturaleza
sus divinos resplandores
la tabla de sus colores
con el pincel arrojó,
y con esto derramó
nieve y carmín en las flores.

(Sale Ferrara.)

Ferrara

  Cristal, que un mármol pequeño
estás siempre retratando,
bien sé que estás envidiando
la hermosura de tu dueño;
porque el alba con el ceño
de ver su rostro excedido
y que Serafina ha sido
más hermosa, ella lo siente;
y así forman esta fuente
las lágrimas que ha vertido.

(Sale Parma.)

Parma   Murtas, que en Chipre habéis sido
de Venus verde guirnalda
remedando a la esmeralda,
que su color no ha perdido;
si la madre de Cupido
hallasteis allá envidiosa,
aquí estaréis más hermosa,
pues hallaréis más divina
la planta de Serafina
que el cabello de la diosa.

(Sale don Fadrique.)

Fadrique   Murtas, rosas y cristales,
en quien ese jardín llueve
copos y aromos de nieve,
si sois rasgos y señales
de los rayos celestiales
de vuestro dueño, hermosas
son las sombras tenebrosas.
¿Qué será la luz divina?
Sombra sois de Serafina,
cristales, murtas y rosas.

Flores   Majaderos cortesanos
los cuatro me parecéis,
pues todos cuatro queréis
ser duquesos mantuanos.
Y a uno solo dirán sí.
¡Par diez, si duquesa fuera
bien sé yo quién escogiera!

Urbino   ¿A quién, loco?

Flores   Cuerdo, a mí.

(Salen damas, Porcia, la duquesa [Serafina], y un maestro, y siéntase Porcia
en una silla, y los tres duques en un banco y cantan.)

Músicos   «Al festín de la hermosa duquesa
                  de Mantua gentil
                  los galanes vienen apriesa;
                  cada cual servirla profesa
                  galán como abril.»

Flores   Escoged, señora duca,
                  linda como almoradux,
                  duco que pueda ser dux
                  de Venecia y aun de Luca,
                    y siacaso le queréis
                  hombre robusto, voz gruesa,
                  escoged aquél, duquesa,
                  que publica le queréis.
                    A éste el sí se ha de decir;
                  pero si queréis enano
                  al duquino mantuano,
                  aquéste habéis de elegir.
                    Con el español no hablo
                  que, aunque es galán como el Sol,
                  es en efecto español
                  y me parece al diablo.
                    Urbina, Parma, Ferrara,
                  ésta la duquesa es.
                  Merece un delfín francés,
                  grande estado, linda cara.

Ésta es Porcia, y no dichosa,
pobre, mas dama perfeta
que, sin ser fea, es discreta,
y sin ser necia, es hermosa.
    Y advertid, amantes nuevos
que ésta, ni dueña ni dama,
yo no sé cómo se llama.
Sé que se sorbe cien huevos
    como quien hace una trova;
y ésta que se llama Elisa
tiene una cara de risa,
ni sé si de alegre o boba.
    Yo soy loco de estas doñas,
y éste que empieza a barbar
es maestro de danzar,
y también de ceremonias,
    y para decirlo en suma,
estos mentecatos son
ruiseñores de canción,
con barbas en vez de pluma.
    Agora, Roque, sentaos,
porque el festín ha de ser.

Porcia   Diga lo que se ha de hacer
                            el maestro de saraos.

Fadrique (Aparte.)   (La falsa Porcia promete
                            con su hermosura rigores.
                            Advertido anduvo Flores.)

Maestro   Traiga un paje un ramillete.

Porcia   Dad, maestro, aquestas flores.

Maestro	A quien yo las llegue a dar, una dama ha de danzar; pero la dama, señores, danza una vez.
Urbino	Siendo así, [a mí] las habéis de dar.
Ferrara	El festín he de empezar.
Fadrique	Dadme el ramillete a mí.
Maestro	A una cuestión les provoco, y no me atrevo. Señora, dad vos las flores agora.
Porcia	Dé el ramillete este loco a quien le quisiere dar. Cesará la competencia y tengan los tres paciencia.
Urbino	Volvámonos a sentar.
Flores	A mí las flores me dan y loco en darlas seré. ¿A quién, a quién las daré? Dóyselas al más galán.

(Dáselas a Fadrique.)

Serafina	¿Cómo, di, si es español, el ramillete le diste?
Flores	Luego, ¿no entendéis el chiste?

Porque le peguen los tres.

Fadrique   No atribuya vuestra alteza
lo que hiciere a grosería.
Yo confieso que venía
adorando esa belleza;
Pero amor, naturaleza
segunda, mi inclinación
forzó con tanta pasión
después que otra dama vi,
que, estando fuera de mí,
no supe hacer la elección.
 Amor, deidad poderosa,
en mí su fuerza mostró.
Una cosa pensé yo
y el Amor hizo otra cosa.
Ir suele a coger la rosa
un galán en el jardín,
y encontrándose el jazmín,
sus cándidas flores coge
sin que la rosa se enoje
pues se queda rosa en fin.
 Adorando las estrellas,
muchos hay que al Sol negaron;
las estrellas envidiaron
entre tantas luces bellas.
Sois el Sol, alba son ellas,
y alba la que mi alma adora.
Perdonadme, gran señora,
si se atreve un español
a negar flores al Sol
por dárselas al aurora.
 Porcia tome el verde ramo,
haciéndola celestial,

y recíbalo en señal
de que su amante me llamo;
Del alma la riqueza amo,
las del mundo son extremos
que españoles no queremos.
Si la inclinación bajé
danzar el alta no sé.
Porcia, la baja dancemos.

(Danzan los dos y cantan los músicos.)

Músicos   «Al festín de la hermosa duquesa
de Mantua gentil,
los galanes vienen aprisa,
cada cual servilla profesa,
galán como abril.»

Serafina   Su alteza es dueño y juez;
de ella el ramillete, diga
que el festín otro prosiga.

Porcia   Délas Roquillo otra vez.

Flores   Duquesa, esos son errores
mayores que mi locura.
¿Soy yo mayo por ventura
para andarme dando flores?
A ninguno más se den.
Ya no es fiesta, pues empieza
otra dama, y no su alteza.

Urbino   Este loco ha dicho bien
porque su alteza debía
ser suplicada primero.

Porcia	Basta, ningún caballero
	salga a la defensa mía
	que me enojaré. Y agora
	cese el festín.
Fadrique	Del error
	de mi no pasado amor
	ya os pedí perdón, señora.

(Vase y queda la duquesa [Serafina] la postrera y Flores.)

Flores	Señora Porcia, escuchad;
	al español que está fuera
	una burla hacer quisiera.
	No os vais tan presto, esperad.
Serafina	¿Aún el enojo te dura?
Flores	Ce, español, ce, que te llama
	aquí fuera cierta dama
	con más dicha que hermosura.
	Ven, español, me dirás
	unos requiebros aquí.
(Aparte.)	(¡Ay, que viene tras de mí!
	Yo me escondo aquí detrás.)

(Sale don Fadrique, y Flores se esconde detrás de la duquesa [Serafina].)

Fadrique	¿Quién me llamó? Ya he notado
	que voz de un ángel ha sido.
	¡Oh quien fuera el escogido!
	Porcia, como fui llamado
	con gusto vengo y forzado,

que si el fuego artificial
va en forma piramidal
a su elemento, así yo
busco la voz que llamó
como a centro natural.

Serafina   No fui...

Fadrique   Si muero yo,
a ese «no», en rigor extraño,
mátame tu dulce engaño,
no me desengañes, no.
Quien cosa alegre gozó
en el sueño —ipasión fuerte!—
que es ensayo de la muerte,
disgusto suele tener,
con ser soñado el placer
de que alguno le despierte.
    Un enfermo deliraba
y grande rey se fingía.
Imperios y monarquía
en su locura gozaba.
Sanó, y alegre no andaba,
Diciendo: «Gracias no doy
a quien me da salud hoy,
pues era rey soberano
enfermo, y estando sano,
un hombre ordinario soy».
    Soñé que me habías llamado,
y en mi altiva fantasía,
pudo causarme alegría
este bien, aunque soñado.
Deliré, Sol me he juzgado
que llamó a la hermosa aurora;

si este sueño mi alma adora
y esta locura que veis,
señora, no me sanéis.
No me despertéis, señora.

Serafina   Este loco os ha llamado.
Vete de ahí.

(Vase Flores.)

Fadrique   Loco fuera
quien a la voz no viniera
de un loco, que me ha tornado
cuerdo a mí, pues digo osado
que hallé en este jardín verde
quien mis delirios acuerde
si los otros locos son;
porque solo está en razón
quien por vos el seso pierde.

Serafina   Amante de Serafina
habéis venido, señor.
No es de buen gusto el amor
que a otra hermosura os inclina.
¿Quién deja la clavelina
por el pálido alelí?
¿Quién menosprecia el rubí
por la morada amatista?
Sea vuestro amor con vista.
No esté vendado por mí.
    Vos pobre, yo sin estado,
seremos sin duda alguna
delirios de la Fortuna,
risa y fábula del hado.

Festejad, enamorado,
la belleza singular
de Serafina; mudar
objeto no es prudente.
¿Quién se admira de una fuente,
viendo el piélago del mar?

Fadrique

    No os lo niega mi osadía
ni mi locura lo crea.
Amor pompas no desea
si yo soy vuestro y vos mía.

....

....

Ricos fuéramos los dos:
yo de amor, vos de hermosura,
vos de luz, yo de ventura.
Hazlo, Amor, pues eres Dios.
    Si fuente os habéis llamado,
permitid que sin aviso
me mire, comoNarciso
en vos, de mí enamorado.
Ya no soy yo sino vos,
y estuviéramos los dos:
yo Narciso si vos fuente
viéndonos eternamente.
Hazlo, Amor, pues eres Dios.

Serafina

    Daros licencia no quiero.

Fadrique

¿Palabras tan rigurosas?

Serafina

Sí, que me faltan dos cosas
que he de examinar primero.

41

Fadrique	Siendo así, la vida espero.
Serafina	Son difíciles las dos.
Fadrique	Y vencidas, ¿queréis vos?
Serafina	¿Qué he de querer?
Fadrique	¿Qué? ¡Querer!
Serafina	¿Podrá ser?
Fadrique	Sí, puede ser. Hazlo, Amor, pues eres Dios.

Fin de la primera jornada

Jornada segunda

(Salen Porcia y Serafina.)

Porcia   ¿Amas, señora?

Serafina   Ésa fue
inútil curiosidad.
Dueño de mi voluntad
eternamente seré.

Porcia   Si el español se te inclina
y viste que es más galán,
tus afectos estarán
movidos.

Serafina   Soy Serafina.
    Cuatro cosas, es verdad,
quise examinar y ver
y agora para querer
tengo andada la mitad.
    Mas soy tan dueño de mí
que he de vencerme y no amar;
del amor he de triunfar.
No quiero [amar].

Porcia   Siendo así
dame para amar licencia.

Serafina   Amor sin licencia viene.

Porcia   Tu respeto me detiene.

Serafina   Ama, pero con prudencia;

no deslustres mi figura.
Pues Serafina te llamo,
ya que saben que no amo
no sepan que ama mi hechura.
    Pero, ¿a quién te has inclinado?

Porcia

A don Fadrique, señora,
que me desprecia y te adora
y eso mismo me ha obligado.

Serafina

    ¡Qué mujeril condición!
Mira, Porcia, yo quisiera
que tu voluntad tuviera
ese amor o inclinación
    a uno de esos duques, pues
todos te muestran amores,
siendo tan ricos señores;
don Fadrique es pobre, aunque es
    de ilustre genealogía.

Porcia

No importa, obligada estoy,
si ama a Porcia y Porcia soy.

Serafina

Extraña sofistería.
    ¿Ama el nombre o la persona?

Porcia

Paréceme que te pesa.

Serafina

Porcia, gran malicia es ésa;
pero en efecto me abona
    permitirte que ames; ama,
mira, inquiere, favorece
con la atención que merece
la obligación de una dama.

Porcia	Ésa consigo la tray mi decoro y advertencia. Amo, pues, con tu licencia. ¡Hola!

(Sale Flores.)

Flores	¿Señora?
Porcia	¿Quién hay en la antecámara?
Flores	Está un hombre que no quisiera verle jamás allá fuera.
Serafina	Su loca tema será.
Flores	Pues, Porcia, de mí enfadada, Porcia, males me desea, plega a Dios que yo te vea con el español casada que es la mayor maldición.
Porcia	¿Está don Fadrique ahí?
Flores	¿Don Fa... quién?
Porcia	Fadrique.
Flores	Sí. porque es pera de Aragón.

Porcia	Dile que entre.

Flores

Alfeñique,
entrad muy hombre; que yo
no sé vuestro nombre, no;
solo sé que acaba en —ique.

(Sale don Fadrique.)

Fadrique

Si me manda vuestra alteza
en qué la sirva, seré
tan dichoso que tendré
por imperio, por grandeza,
    por noble timbre y blasón
de mis armas de servilla
con éste, que maravilla
y rayo fue de Aragón.

Porcia (Aparte.)

(Embarazada me veo.
¿Cómo diré mi cuidado?)

Serafina (Aparte.)

(Parece que me ha pesado.
Eso no, grande trofeo
    yo misma he de ser de mí.
Corazón, no sintáis pena
ame Porcia norabuena.
Vámonos, alma, de aquí.)

(Vase.)

Fadrique (Aparte.)

(¡Ay, que se va la duquesa!
¿Si el verme le da pesar?
Mas, pues me volvió a mirar,
sin duda que no le pesa.)

Porcia (Aparte.)   (O este fausto o la grandeza
                      que fingida represento
                      no le dan atrevimiento
                      o no ve en mí la belleza
                        de Serafina. Cruel
                      ha sido mi inclinación;
                      mas dígale mi pasión
                      al descuido este papel.)

(Deja caer un papel.)

Fadrique   Ya que no me habéis honrado
                      mandándome, mi señora,
                      licencia me dad agora
                      para volver desdichado.

Porcia (Aparte.)   (Pienso que no me ha entendido,
                      o que el papel no miró.)
                      Ese papel se cayó.

Fadrique   A mí no se me ha caído.

Porcia   Levantadle.

Fadrique   No es fineza,
                      y desacato se llama.
                      ¡Señores! ¿Hay una dama
                      que dé un papel a su alteza?

(Sale Serafina.)

Serafina   Sí, daré. Yo estoy aquí.

Porcia   Poco tu cuidado tarda.

Serafina   Señora, si soy de guarda,
                        fuerza es que me toque a mí.

[Habla aparte con la duquesa.]

                            .... [-endo]
                        ....
                        ....

Porcia   Señora, si estás queriendo
                            ¿para qué me permitiste
                        amar?

Serafina   ¿Yo, querer? ¿Yo, amar?
                        Te engañas. vuélvome a entrar.
                        Mentiste, Porcia, mentiste.

(Vase Serafina.)

Fadrique (Aparte.)   (¿Qué serán estas salidas
                        de Serafina? Sospecho
                        que proceden de su pecho
                        mis esperanzas y vidas.)

Porcia   ¿Cómo os va en Mantua?

Fadrique   Señora,
                        ¿cómo me puede ir a mí
                        en una tierra en quien vi
                        dos cielos junto agora,
                            aunque el uno se encubrió
                        ya con las nubes de ausencia?

48

Porcia	No os doy para eso licencia, hablando conmigo.
Fadrique	Yo pienso que sentís enojos de aquél mi pasado error.
Porcia	Si en los labios hay rigor, piedades hay en los ojos.

(Sale Serafina.)

Serafina (Aparte.)	(Allá dentro no sosiego, sin saber de qué me aflijo, pienso que por mí se dijo «gustoso desasosiego».)
Fadrique	Ya podré decir, señora, que el cielo sin nubes vi, ya el Sol, fénix de rubí, entre perlas de la aurora.
Porcia (Aparte.)	(Ya pienso que me ha entendido y me quiere.

(Vuelve a mirar y ve a Serafina.)

      ¡Ay, infelice!
Por la duquesa lo dice.
No pensé que había salido.)
    ¿Qué queréis, Porcia?

Serafina	Pretendo,

y bien, que sola no estés.

Porcia   Necio advertimiento es,
                  pero ya tu intento entiendo.

Serafina   Ven a escribir.

Porcia   Luego iré.

Serafina (Aparte.)   (Yo la mando, y la porfío.
                      Si sabe el engaño mío,
                      ¿qué he de hacer? La sufriré.)
(Hablan aparte las dos.)   ¿Para qué estás porfiando
                      si ves que ya no te quiere?

Porcia   Yo sé que por mí se muere
                  aunque tú le estés negando.
                      Ya verás como no lo ignora.

Serafina   El papel no alzó.

Porcia   Fue necio,
                  o no le vio.

Serafina   Fue desprecio,
                  y si no, míralo agora.

(Deja caer un guante, y vase poco a poco.)

Fadrique (Aparte.)   (O con cuidado o acaso,
                      cayó un guante de mi cielo,
                      por dar estrellas al suelo,
                      yéndose el Sol a su ocaso.
                          Alzarle quiero del suelo.)

50

Este guante se os cayó.

Serafina   ¿Queréis que lo tome yo?
                  Vos mismo habéis dicho al vuelo
                     que no es decente primor
                  llegar a prendas de dama.

Fadrique (Aparte.)   (Ella se ha enojado, o ama.)

Serafina (Aparte.)   (Favor es y no es favor.)

(Vanse Serafina y Porcia.)

Fadrique   Corazón, buenos quedamos,
                  sin saber si es mal o es bien,
                  si fue favor o desdén.
                  ¡Ea, ingenio, discurramos.
                     Ella no ha querido el guante
                  porque a mi mano llegó.
                  Luego, a mí me despreció;
                  luego, en vano soy su amante.
                     Ella el guante no ha querido
                  por dejarme a mí con él.
                  Luego, no ha sido cruel;
                  luego, estoy favorecido.
                     Ambos argumentos son,
                  que están en balanza igual.
                  No espero el bien, dudo el mal.
                  ¡Oh, bárbara confusión!
                     ¿No dijera, airada y fiera,
                  que allí el guante no quería?
                  ¿Si a mí me favorecía?
                  No, dijera... Sí, dijera...
                     ¿No dejara, antes tomara,

el guante enojada allí
si me despreciara a mí?
No, dejara... Sí, dejara...
    La duda se queda en pie,
confuso está mi albedrío.
Ya temo, ya desconfío.
Mujer o monstruo, ¿qué haré?
    Aquel emblema eminente
del fauno, que convidó
al hombre y manjar le dio
uno helado, otro caliente
    bien a propósito estaba.
El fauno considerando
que el manjar que estaba helando
con sus soplos calentaba
    el hombre, y también notó,
aunque bárbaro imprudente,
que el manjar que era caliente
con sus soplos enfrió.
    «Vete —le dice— al momento,
que no quiero compañía
con quien calienta y enfría
con solo su mismo aliento.»
    Lo mismo diré, aunque amante.
Vete, mujer singular,
porque no quiero adorar
a quien da en un mismo guante
    calor de bien celestial,
hielos de mortal desdén,
guante que parece bien,
guante que parece mal.

(Sale Flores.)

Flores	¿Qué tenemos? ¿Hay mohina?
Fadrique	¡Que esfinges los hombres amen!
Flores	Esta noche hay otro examen;

Saber quiere Serafina,
   cuál es más cuerdo y discreto
en aquese cenador.
Hay conclusiones de amor.
Ven prevenido en efeto;
   que sepas más que el diablo.
No hables a tiento ni a bulto.
No hables afeitado y culto.
No me juegues del vocablo.
   No hables a prisa, ni a espacio.
Di valimiento, desaire
de buen gusto, de buen aire;
que es lenguaje del palacio.
   Di antonomasia, bien suena.
Di crepúsculos del día.
Habla con antipatía.
Di perífrasis, que es buena.
   Di versos claros y graves
aunque no importa saber
sino embustes para hacer
que entiendan todos que sabes.
   Vete, señor, a estudiar.

Fadrique	Flores, no hay arte en efeto

para parecer discreto
si no es el serlo o callar.

Flores	Mucho hablar de locos es,

y de bobos callar mucho.

Vete, pues, que un avechucho
ha llegado de los tres.

Fadrique   Flores, mira, bueno fuera
que leyera este papel.

(Vase.)

Flores   Yo haré que responda a él,
aunque responder no quiera.

(Sale Urbino.)

Urbino   Si tórtola en verde ramo
arrulla, y cada gemido
alma irracional ha sido,
que está diciendo: «yo amo»,
si a la música y reclamo
que de su consorte alcanza,
rayo de pluma se lanza,
ama y espera favor,
teniendo yo más amor
tengo menos esperanza.
    Si la leona más fiera
en los ásperos desiertos
pare sus hijuelos muertos
y darles la vida espera
bramando, de la manera
que su bruto amor alcanza,
si espera tener mudanza
en sus ansias y dolor,
teniendo yo más amor,
tengo menos esperanza.

54

Flores	¿Qué estáis glosando entre vos?
Urbino	Roque, valerme podéis.
Flores	¿Cómo de un loco os valéis?
Urbino	Como lo somos los dos.
	Cuerdo serás si me trais
	de este papel la respuesta
	y otra tendrás como aquésta.
Flores	¿Nada de contado dais?
	Como pagáis el traer,
	pagad también el llevar,
	porque son simple el fiar
	y embustero el prometer.
Urbino	Bien has dicho, Roque, toma.
	Haz que lea ese papel.

[Dale una cadena a Flores.]

Flores	Yo haré que responda a él.
	Idos luego, porque asoma
	otro moro en la estacada.
(Vase Urbino.)	Cadena al cuello me puso;
	mi locura será al uso
	si es locura aprovechada.

(Sale Ferrara.)

Ferrara	El tiempo todo lo cría,
	todo el tiempo lo deshace.
	El Sol hermoso renace

y después fenece el día.
Rayos Júpiter envía,
el semblante negro y fiero,
del aire pasa ligero.
Sale el iris de color
y solamente en amor
no hay mudanza ni la espero.

Flores	¿Qué hay, duqueso de Ferrara?
Ferrara (Aparte.)	(Si este loco un papel diera a la duquesa, ya fuera quien mi temor consolara.) ¿Sabrás hacer que éste lea la duquesa?
Flores	Sí, sabré, pero no se le daré.
Ferrara	Si le das, habrá presea, y aun otros premios mayores si respuesta Roque tray.
Flores	Mirad, tres oficios hay en España de señores, y a mí se me han olvidado. Referidlos al instante.
Ferrara	Pienso que son almirante, condestable, adelantado. Estos tres pienso que sí.
Flores	Agrádame ese postrero; con ese oficio le quiero.

Ferrara	Un diamante y un rubí
	que son de Ceilán, dirán
	mi amor con su estimación.
Flores	¿No son vuestros?
Ferrara	Míos son.
Flores	Decís que son de Ceilán.
	Yo tendré cuidado, adiós.
Ferrara	Mira, Roque, que le lea.
Flores	Parma viene; no nos vea
	hablar a solas los dos.

([Vase Ferrara y] sale Parma.)

Parma	Tal vez fácil instrumento,
	que nunca se imaginó
	dificultades venció,
	pudo más que el agua y viento;
	en el húmedo elemento
	la nave más impelida
	de un pequeño pez asida
	suspensa en su curso está.
	Quizá este necio será
	instrumento de mi vida.
	Roque, ¿sabrás —no lo dudo—
	decirle bienes de mí
	a la duquesa?

Flores   Sor, sí;
                  que en efeto no soy mudo.

Parma   Mira que me has de alabar
                  a mí más en su presencia.

Flores   Pues, ¿no tienes más prudencia?
                  ¿De un loco te has de fiar?
                     Haz cuento que ya lo digo
                  pero solo no diré
                  que eres liberal.

Parma   ¿Por qué?

Flores   Porque no lo eres conmigo.

Parma   Diamantes hay.

Flores   No los quiero,
                  porque las piedras perecen,
                  si los hombres amanecen
                  cuerdos de una vez. Dinero
                     es el punto y es el centro
                  donde todo va a parar.

Parma   Esta bolsa has de tomar.

[Dale una bolsa.]

Flores   ¿Qué caballos corren dentro?
                     ¿Rucios, bayos o castaños?

Parma   La diferencia no ignoro.
                  Bayos son, pues que son oro.

Flores

Guárdete el cielo mil años,
   y a Serafina también,
porque si tu amor la agarra,
habrá una duquesa Sarra
y un duque Matusalén.

(Vase. Salen Urbino y Ferrara.)

Urbino

   Como a centro natural
a este palacio venimos.

Parma

De esa suerte bien veréis
que estoy en el centro mío.

Ferrara

Don Fadrique no le pierde.

Parma

Cortés fue, pues no ha querido
competencias con nosotros.

Urbino

Blasonando a Mantua vino
que adoraba a la duquesa,
mas sucedióle lo mismo
que a silvestre mariposa.
A una rosa pone sitio,
cercándola alrededor
para beberle el rocío
del alba, menudo aljófar
en aquel carmesí vivo,
y luego viene a sentarse
en la malva o el espino,
o en otra hierba más vil.

Ferrara

Si es arrogante, y no rico.

Ama a Porcia que es tan pobre
o de vano perdió el juicio
y enamora una criada.

Parma   De vano ha perdido el juicio.
                 Si con Porcia se desposa
                 y la duquesa conmigo,
                 escudero es de mi casa.

Parma   Para verle deslucido
                 pues que caballo no tiene,
                 corramos mañana, digo,
                 la sortija.

Ferrara   Él viene ya.
                 Corrámosla. ¡Bien has dicho!

(Sale Fadrique.)

Fadrique   Señores duques, si un tiempo
                 competidores nos vimos,
                 ya les dejo el campo solo.
                 De la pretensión desisto
                 de la duquesa.

Urbino   Bien hace,
                 porque ése es mejor camino
                 para no quedar burlado
                 de su esperanza.

Ferrara   Y bien hizo
                 que aunque es Porcia una criada
                 que habrá de estar en servicio
                 de uno de nosotros, tiene

buena cara, hermoso brío.

Fadrique   La Porcia que adoro yo,
y la dama que yo sirvo,
los dos imperios del mundo
por quienes ha merecido,
ni en discreción, ni en belleza,
ni en la sangre, ni el aviso
la iguala dama ninguna.
Y con los tres no compito
porque son mis pensamientos
los orbes, los epiciclos
por donde van los planetas
siguiendo el cabello rizo
del Sol.

Urbino   Por muchos respetos
a la duquesa debidos,
esto no ha de reducirse
a duelo ni a desafío;
mantened vos una justa
en ese célebre circo
sustentando esa opinión.

Fadrique   Si, mantendré.

Ferrara   Pues, Urbino,
vamos, que para mañana
esa fiesta real publico.

(Vanse los tres.)

Fadrique   La cólera me ha cegado.
No sé lo que he prometido;

que como estoy en desgracia
del rey Alfonso mi tío,
ni caballo, ni dineros
tengo agora. ¡Ah, desvaríos
de la Fortuna cruel!
Que los montes y el abismo
de las aguas encerradas,
tengan tesoros tan ricos
y en el hombre viva anhelando,
con hidrópicos designios,
sediento de sus entrañas;
y que el humano artificio
de los cóncavos del mar,
de las bóvedas y riscos
de los montes, sus tesoros
saque a la luz de los siglos;
y que luego la Fortuna
los reparta a su albedrío,
siendo loca y miserable
con los varones más ricos.

(Sale Flores.)

Flores   Aun no he dado tu papel.
Tristeza en tu aspecto miro,
¿qué tienes? Di.

Fadrique   Que una justa
en ese célebre circo
prometí mantener, siendo,
por lo que tú sabes Iro,
el pobre más celebrado
de los poetas antiguos.

Flores	¿Tú pobre, siendo mi dueño?
	¿Pobre tú, mientras yo vivo?
	Te has engañado, señor;
	dos sortijas, un bolsillo
	y esta cadena te entrego,
	de valor tan excesivo
	que puedes comprar libreas
	y caballos; esos mismos
	que te motejan de pobre
	esto te han contribuído
	porque compitas con ellos;
	gasta bien y sal lucido,
	que más han de dar, si puedo.
Fadrique	Eres, Flores, un prodigio
	de lealtad. Eres las flores
	sobre quien llueve el rocío
	la aurora, brindando al Sol
	porque en los prados floridos
	beba en búcaros de rosas
	las lágrimas que ha vertido.
Flores	Soy español, y esto basta,
	porque con la lealtad te sirvo
	tanto, que, con ser criado,
	no soy, señor, tu enemigo.

(Vanse. Salen Porcia y Serafina.)

Porcia	Pues sola te puedo hablar,
	mis quejas pretendo darte.
Serafina	Dilo, que quiero escucharte,
	.... [-ar].

Porcia   ¿Habrá quien pueda parar
un caballo en la carrera,
águila que va ligera.
o delfín que corta el mar?
    Pues, ¿cómo —di— será bueno
que tú detener pretendas
caballo que va sin riendas
y que no sabe de freno;
    ni al águila más suprema
que volando caudalosa
hecha del Sol mariposa
las alas en él requema;
    ni el delfín, ave sin plumas,
que en los piélagos del norte
no habrá rayo que así corte
montes de nieve y espumas?
    Si es amor águila, en fin,
que alas tiene y es veloz,
si es un caballo feroz,
si es un ligero delfín
    que nada en llanto y en fuego,
¿por qué amar me permitiste
y en el centro me pusiste
para detenerme luego?

Serafina   Escucha, Porcia. ¿Qué río
en sus principios no es fuente
que se pasa fácilmente?
¿Qué árbol, pompa del estío,
    y majestad singular
que en la campaña se ve,
en su principio no fue
vara fácil de arrancar?

Amor como planta crece,
árbol coposo y sombrío;
amor crece como río
abismo del mar parece;
    pero en su principio honesto
es fuente breve y escasa,
que fácilmente se pasa,
vara que se arranca presto.
    Impedir quise tu mal,
victorias de amor enseño,
cuando es un árbol pequeño,
cuando es un breve cristal.

(Sale Flores [con tres papeles].)

Flores   Señoras muy principales,
                  Roque el secretario viene
                  y aquí las consultas tiene.
                  Despachemos memoriales.
                      Solos estamos los tres.
                  Despachemos. Estos dos
                  son, duquesa, para vos,
                  y éste para Porcia es.

Porcia   ¿Papeles me traes a mí?

Flores   Dejad, duquesa, quereros
                  de esos duques majaderos.

Porcia   Responderéles así.
(Rásgalos.)   Porcia, romped ese papel.

Serafina   Sin verle, ¿no es tiranía?

Porcia	Rómpele, por vida mía.
Serafina	¿No he de responder a él?
[Lee.]	«Amo sin ser entendido, gimo sin ser escuchado, lloro sin ser consolado, muero sin ser socorrido.»
Flores	¡Qué lástima, a ser yo dama!
Serafina	¿Quién le escribió?
Flores	Ese bausán, ése que es el más galán que no sé cómo se llama.
Serafina	¡Bien cantada ha de sonar la letra!
Porcia	¿Respondes?
Serafina	No; dos versos añado yo para poderlos cantar.
[Escribe.]	
Flores	¡Hola, músicos! ¿No veis que entran los duques y es hora?
Serafina	La duquesa, mi señora manda que esto le cantéis.

(Salen los músicos y los tres duques y don Fadrique y siéntanse.)

Flores   Sin cuatro amantes tan fieles
no podemos tener fiesta.
A mis duques la respuesta
darán aquellos papeles;
    y a ti, español, la darán
los músicos.

Porcia   Deseosas
de saber algunas cosas
todas mis damas están.

Urbino   Discurramos bien o mal.
Proponed.

Porcia   Si una mujer
sola hubiese de tener
una cosa buena, ¿cuál
    más conveniente sería?

Urbino   Si le da naturaleza
ilustre sangre y nobleza,
la parte mejor tendría;
    que lo noble y generoso
da estimación y ventura,
aunque no tenga hermosura
y aunque le falte lo hermoso.

Ferrara   ¿Qué imperio, qué nación fiera,
la hermosura no ha vencido?
Si hermosa hubiera nacido,
reinos, imperios tuviera.
    Todo lo saber vencer

una belleza preciosa,
sin ser noble, siendo hermosa,
feliz fuera esa mujer.

Parma   ¿Qué importa beldad perfeta,
ni nobleza más seguras
cuando vive el alma a escuras
en mujer que no es discreta?
    Como tenga discreción,
tendrá todo lucimiento,
porque es el entendimiento
palacio de la razón.

Fadrique   El hombre no tiene puesto
en la honestidad su honor,
pues puede ser gran señor,
gran varón, sin ser honesto,
    porque tiene a qué apelar,
a virtud y bizarría,
discreción y valentía,
otra virtud singular.
    Siempre el hombre será honrado
si afrenta no ha recibido;
la mujer así no ha sido
que solo tiene librado
    su honor en su honestidad,
de suerte que si a una dama
le faltase buena fama,
¿qué le importa la beldad
    ni el ser en todo perfeta,
ni la humana discreción?
Con tener una buena opinión
es noble, hermosa y discreta.

Flores   ¡[Víctor] con lindo conceto!
                        ¡Víctor, víctor le dijera!
                        ¡Pardiez, si español no fuera!
                        Él es galán y discreto.

(Cantan.)

Músicos   «Amo sin ser entendido,
                        gimo sin ser escuchado,
                        lloro sin ser consolado,
                        muero sin ser entendido.
                        Ame, gima, llore y muera
                        quien vida y favor espera.»

Fadrique (Aparte.)   (Ya tengo más confusiones.
                        «Ame, gima, llore y muera
                        quien vida y favor espera.»
                        ¡Oh, qué equívocas razones!)

Serafina   ¿Cuál amante elegirá
                        una mujer si es prudente?
                        ¿Al más galán o valiente,
                        o discreto?

Urbino   Claro está
                        que al valiente elegiría
                        que la estimación segura
                        da a la mujer la hermosura,
                        y al hombre la valentía.
                        La delicada belleza
                        hace a la mujer mujer,
                        y al hombre hace hombre el tener
                        espíritu y fortaleza.

69

Ferrara	Galán y amante felice
	se confunden; no se llama
	el valiente de la dama,
	sino que el galán se dice,
	porque es virtud de más peso;
	y así, en los festines dan
	el primero de más galán
	las mismas damas por eso.
Parma	Si galas estimación
	con el Dios de amor tuvieran,
	sus alas del Fénix fueran
	y sus plumas del pavón.
	Desnudo amor y con alas,
	solo en sus flechas se fía.
	luego quiere valentía,
	luego amor no quiere galas.
Ferrara	Alas de colores tiene.
Urbino	Por las flechas es temido,
	que sus alas son su olvido.
Flores	Luego, ¿lo errará el que viene?
Fadrique	La discreción es unión
	de todas las virtudes; que es
	cuerdo, prudente y cortés
	el que tiene discreción.
	Si en él virtud de prudente
	y de cortesano están,
	sabrá a tiempo ser galán,
	sabrá a tiempo ser valiente.
	Si es valentía, en efeto,

guardar la vida y honor,
¿quién ha de saber mejor
ser valiente que el discreto?
    Principalmente, señora,
que la gala pertenece
a la edad, y ésta florece
como en el tiempo la hora.
    A la fuerte juventud
es dada la valentía,
y en la vejez se resfría
esta gallarda virtud.
    La discreción, la cordura
bien se ve que son verdades;
virtud de todas edades
hasta la vejez nos dura.
    El hombre joven se engaña
si en verdes años se fía.
¡Oh, qué bien que lo decía
un gran poeta de España
    en un soneto, que advierte
que pasa la vida así
como rosa y alelí!

Serafina	¿Cómo dice?
Fadrique	De esta suerte: Flores que fueron pompa y alegría, despertando el albor de la mañana, a la tarde serán lástima vana, muriendo a manos de la noche fría. Aquel carmín que al cielo desafía, iris listado de oro, nieve y grana, será escarmiento de la vida humana. ¡Tanto comprende el término de un día!

A florecer las rosas madrugaron,
y para envejecerse florecieron;
cuna y sepulcro en un botón hallaron.
    Tales los hombres sus fortunas vieron.
En un día nacieron y expiraron
que pasado los siglos, horas fueron.

Flores   Aunque soy loco en palacio,
cuerdo otros tiempos he sido;
y así una cosa he leído
en las obras del Bocacio
   que quiero experimentar.
Duquesa, una flor me dé
del cabello.

Porcia   ¿Para qué?

[Dale una flor.]

Porcia   A Urbino se la he de dar.
[Dasela.]   Tomad, ¿quién tiene una banda?

Parma   No la traigo.

Ferrara   Fue mi olvido.

Flores   Al español se la pido;
haced lo que Roque manda.

Fadrique   Toma, pues.

[Dale una banda.]

Flores   Tómala vos.

(Dásela a Serafina.)	Doña Porcia, mi señora, sin escrúpulos, y agora disputen cuál de los dos es el más favorecido.
Ferrara	Ninguno, pues son favores dados de loco errores.
Urbino	Ninguno favor ha sido pues la dama no los da.
Ferrara	Supóngase si los diera.
Urbino	Mas favorecido fuera si en mi mano propia está lo que en su cabello estuvo.
Fadrique	Mío es el mayor trofeo si en manos de Porcia veo banda que mi pecho tuvo.
Urbino	Esta rosa es favor, pues diré que fue luz del día.
Fadrique	Y la banda que fue mía, pero ya de Porcia es.
Urbino	Favores las damas dan, y el favor le trae quien ama.
Fadrique	¿No es más que tenga la dama prenda alguna del galán?
Urbino	Desde hoy me empieza a esforzar.

Fadrique	Desde hoy empieza a vivir.
Urbino	Gloria ha sido el recibir.
Fadrique	Más glorioso ha sido el dar.
Urbino	Prendas a quien adoró da el sujeto que es amado.
Fadrique	Luego, ¿soy galanteado pues que doy las prendas yo?
Porcia (Aparte.)	(¡Celos exhalan mis ojos! Si la ocasión tengo asida de ser duquesa fingida, templar puedo mis enojos.) Grande enfado he recibido; no entres, loco, más aquí ¿Qué flor no fenece así? ¿Qué flor engaño no ha sido? Tomad vuestra banda vos. Idos, duques, en buen hora.
Serafina	Muy terrible estás, señora.
Ferrara	Sin favor quedan los dos.
(Vanse.)	
Serafina	¡Ah, español!
Fadrique	¡Oh, qué alegría! Vueseñoría, ¿qué manda?

Serafina

Que no os pongáis esa banda,
proponiendo que fue mía;
sin voluntad la tenía
que no fue antojo liviano
tomarlo de vuestra mano
....
....
.... [-ano].
Rompedla como la flor
de la duquesa.

Fadrique

Señora,
si es que pretendéis agora
que no parezca favor
trayéndola, ¿no es mejor
que os la vuelva? No lo digo
porque así favor consigo,
sino porque claro está
que más segura estará
de mí con vos que conmigo.
Tomadla, señora mía,
rómpala vuestra belleza
que así lo hizo su alteza
con la flor que no quería.
Banda que fue luz del día
en vuestra mano, un instante
no ha de ser estrella errante,
pasando del soberano
oriente de vuestra mano
a las sombras de un amante.

Serafina

¿Otra vez en mi poder?
Hacedla pedazos vos.

Fadrique	Partámosla entre los dos
	que es lo mismo que romper,
	y no la podré traer,
	señora, si está partida,
	y a mi vida parecida,
	cuando entera no la digo;
	que el alma no está conmigo
	desde vos me da la vida.
Serafina	Por rompella, lo consiento.
Fadrique	El alma y el cuerpo son
	un compuesto y una unión
	de una vida y un aliento,
	pues vida sin alma siento
	porque ella o mi voluntad
	están en vuestra deidad,
	sin partirme ni morir.
	Esta banda ha de vivir
	con virtud de esta mitad.

([Saca la daga], rómpela [y cada uno se queda con su parte].)

Serafina	Flores y sombra ligera
	vuestras esperanzas son.
Fadrique	¿No decís en la canción:
	«Ame, gima, llora, muera,
	quien vida y favor espera»?
Serafina	Quien espera, dije yo,
	pero no quien no esperó.

Fadrique	¿Que esperar no he de poder?
Serafina	Falta un examen que hacer.
Fadrique	¿Y esperaré entonces?
Serafina	No.
Fadrique	Ese «no» mi muerte ha sido; que esperanza has de negar.
Serafina	Sí, que quien dice esperar, dice no haber conseguido.
Fadrique	Luego, ¿ya dicha he tenido?
Serafina	Aún esperar no os consiente mi rigor.
Fadrique (Aparte.)	(Amor, detente, pues tantas dudas nos dan.)
Serafina (Aparte.)	(Él es discreto y galán; quiera Amor que sea valiente.)

Fin de la segunda jornada

Jornada tercera

([Salón de palacio.] Salen Ramón y Flores.)

Flores   Pues de Nápoles llegaste
en día de tanta fiesta,
Ramón, todas esas voces
que has escuchado celebran
victorias de don Fadrique;
mantener en una tela
quiso una justa, y mandó,
caprichosa, la duquesa
que torneo de a caballo
fuese y no justa.

Ramón   ¿Qué intenta
la duquesa en tal rigor?
¿Quiso que a peligro vieran
sus vidas los caballeros
que la sirven y festejan?

Flores   Por averiguar cuál es
más valiente. Es una tema
en que ha dado esta mujer
aunque locura parezca:
que ha de ser quien es su amante
valiente por excelencia,
ya que en otras calidades
los ha probado.

Ramón   No cuentan
semejante condición
de mujer ninguna.

Flores   Es bella
                              y fantástica. Diez días
                              ha que encubre la grandeza
                              fingiéndose Porcia, y pueden
                              su cuidado y diligencia
                              disimular y fingir
                              sin que esos duques lo sepan.
                              Ella sale, Ramón, vete
                              y no te vea su alteza.

(Vase Ramón y sale Serafina.)

Serafina   ¿Qué hay, Roquillo?

Flores   ¿Qué ha de haber?
                              ¡Mucho pesar y tristeza
                              de que ese español soberbio
                              a mis tres amigos venza!
                              ¡Que no quiera la Fortuna
                              derribar tanta soberbia
                              española! ¡Que no hubiese
                              un gigante de gran fuerza,
                              desatado de algún libro
                              de caballerías necias
                              que descomunal y bravo
                              su pan de perro le diera!
                              ¿Habéis visto algún cohete
                              andar cruzando la tierra
                              aquí y allí sin para
                              hasta que cruje o revienta?
                              Así andaba aquel marrano
                              de uno en otro con presteza
                              dando golpes que era ver
                              —¡Ah, Porcia, cuánto me pesa!—

cuatrocientas herrerías.
¡Un juego de bolos era!
El español los birlaba
pues también birló al que llega.

(Vase y sale Urbino.)

Urbino   ¡Oh, Porcia! ¡Oh, señora mía!
En hora dichosa y buena
te veo donde podré
suplicar que favorezcas
mi pretensión. Porcia ilustre,
seis mil ducados de renta
ofrezco para tu dote
si dispones que yo sea
duque de Mantua y esposo
de aquella ingrata belleza
de Serafina.

Serafina   Señor,
haré por vos cuanto pueda.

(Sale escuchando don Fadrique.)

Urbino   Desde el punto que te vi,
Porcia hermosa, dije: «Aquésta
ilustre sangre contiene
y parece hermosa piedra
engastada en metal pobre».
¿Quién, mi señora, te viera
que no conociera luego
el ánimo y la grandeza
de tu pecho generoso?
No quiero que me agradezcas

lo que ofrezco y lo que digo.
Al sí que me has dado es fuerza
que, alegre y agradecido,
tu esclavo perpetuo sea.
[Primero, cuando de ti,
luego conocí quién eras;]
que mal pueden encubrirse,
cuando pulsan las estrellas
sus visos y resplandores.

Serafina   Vete, duque, norabuena;
                  que tu dama será tuya.

Urbino   Tuya mi vida y hacienda.

(Vase Urbino.)

Fadrique (Aparte.) (Fortuna adversa, ¿qué es esto?
                  «Luego conocí quién eras;
                  que mal pueden encubrirse
                  cuando pulsan las estrellas
                  sus visos y resplandores.»
                  Amor, ¡o muerte o paciencia!)

Serafina   Don Fadrique, ¿estáis cansado
                  del torneo?

Fadrique (Aparte.)   (¡Que no muera
                  quien oyó tales razones!
                  «Al sí que me has dado es fuerza
                  que, alegre y agradecido,
                  tu esclavo perpetuo sea.»
                  Serafina elige al duque,
                  ella le dijo quién era;

mi desengaño ha llegado,
pero mi muerte no llega.
¿Por qué, si el morir es dicha,
la vida ha de ser eterna?)

Serafina   Don Fadrique de Aragón,
                  ¿qué suspensión es aquésta?

Fadrique (Aparte.) (Y, «Tu dama será tuya»
                  «Tuya mi vida y hacienda».
                  Yo lo vi, yo lo escuché.
                  Amor, ¡o muerte o paciencia!)

Serafina   Ya parece frenesí.
                  ¡Despierta, español, despierta!

Fadrique   Bien has dicho, si fue sueño
                  mi esperanza lisonjera.

Serafina   ¿Qué te divierte?

Fadrique   El oírte.

Serafina   ¿Qué te suspende?

Fadrique   Mis quejas.

Serafina   ¿Qué has oído?

Fadrique   Mis desdichas.

Serafina   ¿Qué tienes?

Fadrique   No sé qué tenga.

Serafina	¿Qué te aflije?
Fadrique	¿Qué? La vida.
Serafina	¿Y qué sientes?
Fadrique	No querella.
Serafina	¿Qué dices?
Fadrique	No sé qué digo.
Serafina	No te entiendo.
Fadrique	Ni me entiendas. Por eso pido al Amor que me dé muerte o paciencia.
Serafina	Yo no asistí en el torneo; en él estuvo su alteza tras de verdes celosías, pero yo he estado indispuesta.
Fadrique	¿Aun eso más? ¿Eso falta? ¿Sabes que ha sido en defensa de tus méritos?
Serafina	Sí, sé.
Fadrique	¿Sabes —di— cómo sustenta este brazo que yo sirvo la más celestial belleza de este mundo?

Serafina	Así lo has dicho en el cartel.
Fadrique	Pues si es ésta la causa de este torneo, no honralle con tu presencia, ¿no fue cruel tiranía? Y si lo vistes y lo niegas, ¿no es sequedad más cruel?
Serafina	Cuenta, don Fadrique, cuenta el suceso del torneo, para que yo te agradezca el mantenello y contallo.
Fadrique (Aparte.)	(Disimularé mi pena hasta mayor ocasión.) Escucha, y es bien adviertas que la cólera me obliga a contallo sin modestia. Llegó el día del torneo y un cartel...
Serafina	Detente, espera, pues, ¿qué cólera es la tuya?
Fadrique	¿No quieres tú que la tenga si veo que diste un «sí» al duque de Urbino?
Serafina	Es necia esa presunción, Fadrique, y a palabras tan groseras

no doy yo satisfacción.

[Hace que se va.]

Fadrique   Espera, señora, espera.

Serafina   Vuelvo, por solo esperar
                    esta relación. Empieza.

Fadrique (Aparte.) (Yo no entiendo esta mujer.)

Serafina   Refiere o voyme.

Fadrique   Está atenta.
                    Murmuraron de mí porque servía
                    dama de la duquesa, y yo, enojado,
                    respondí que en beldad y bizarría
                    ninguno de este mundo la ha igualado;
                    y que tanta beldad defendería,
                    y con valor, en campaña o en poblado.
                    A la plaza salí, gallardo y fiero,
                    con nombre de Dudoso Caballero,
                        y cuando...

Serafina   Esperad un poco;
                    primero es razón que sepa
                    por qué os llamáis el Dudoso.

Fadrique   Pues, ¿hay más dudas que tenga
                    un amante desdichado?
                    Siempre confuso me dejas,
                    con acciones a dos visos:
                    ya me dad de amar licencia,
                    ya matas mi confianza,

ya la licencia me niegas,
ya me dejas con un guante;
enojos en los labios muestras,
piedad en los ojos tienes,
y en la banda me desprecias,
ya la admites, ya la rompes,
ya te quedas con la media.
Eres, en fin, parecida
a la que llaman hiena,
animal tan enemigo
del hombre que con cautela
con tener el rostro humano
nuestra voz finge y se queja.
[Al] hombre llama escondida.
El caminante que piensa
que es afligida mujer
sigue la voz de la fiera,
da en sus garras, halla muerte;
y ella, furiosa y sedienta,
vase a una fuente a beber;
y al ver su rostro se acuerda
que mató su semejanza,
y allí con lágrimas tiernas
llora el mismo que mató;
de donde dijo un poeta
de aquellos que las auroras
tienen a sus musas gratas:
«Si me quieres matar, ¿por qué me lloras?
Y si me has de llorar, ¿por qué me matas?»

Serafina   El ignorante halla dudas
                  donde no las hay; no creas
                  que has tenido viso alguno
                  de favor. Bien claras muestras

te di siempre de no amar;
y pues en vano te quejas,
quédate contigo mismo.

(Aparte.)   (¡Qué cruel estoy!)

Fadrique   Espera.
(Aparte.)   Ya me matas. (¡Oh, qué Circe!)

Serafina   Refiere o voyme.

Fadrique   Está atenta.
          De la batalla o fiesta llegó el día;
          era cada balcón florido mayo.
          Vieron primero la persona mía,
          sobre los hombros de un hermoso bayo.
          Pisó el circo gentil con bizarría
          aquel hijo del Betis y de un rayo,
          haciendo, como diestro en los torneos,
          corvetas una y otra escarceos.
              Caminando a la tienda de campaña
          no cesaban las cajas y clarines;
          la damas repitieron: «Viva España»
          y aun me vertieron cándidos jazmines.
          Una sirena, cuya voz engaña,
          llevada sobre el mar de dos delfines,
          mi empresa fue. La letra: «En esta calma
          me lleva Amor para enajenarme el alma».

              Pero si me abraso en celos
          y mi corazón revienta
          con agravios declarados,
          ¿cómo desata la lengua
          palabras disimuladas?
          «Sí» dijiste al duque, fiera

que no te ves en la fuente
por no convertir en cera.
La impiedad queda contigo
que con una cruel te quedas;
que yo no puedo contar,
cuando agravios me atormentan,
acciones que no agradeces;
tú me matas.

Serafina   Oye, espera.
El duque me dijo aquí
que por él intercediera
con la duquesa, y que hiciese
por su amor la diligencia.
Sí, le dije, y este «sí»
escuchaste.

Fadrique   No, no pretendas
dar color a mis recelos.

Serafina   Engáñaste; y si supiera
que de mí se imaginara
la más mínima sospecha,
no diera satisfacción
a palabras tan groseras.

Fadrique   ¿Lloras? Temo no me mates.
Calla, señora.

Serafina   Pues, cuenta.

Fadrique   No hay quien te entienda, mujer.
Prosigo de esta manera.

Salió a la plaza Urbino, fue el primero;
una selva de plumas ha sacado
de color verde y blanca en el cimero;
cuando el viento sutil las ha ondeado,
ya parecen abril, ya son enero;
un árbol pareció que está nevado.
Ondas eran del mar las varias plumas,
pues mezcladas se ven olas y espumas.

Con señas a batalla me provoca,
un duelo de dos tigres se dibuja,
ya para el curso la trompeta toca.
ya sacamos las lanzas de la cuja,
ya acometemos, cada cual fuenroca;
no hay hasta que no rompa y que no cruja;
tocaron los pedazos las regiones
del fuego, descendiendo hecho carbones.

Los brazos a la espada el duelo fían;
tantos los yelmos combatieron ellas
que fraguas de Vulcano parecían,
y relámpagos eran las centellas;
como nocturnas sombras no se veían
el vulgo se admiró de ver estrellas.
Mi contrario quedó tan sin sentido
que ni bien era muerto ni dormido.

Ya esperaba en el puesto el de Ferrara,
que el iris vistió de su librea;
corrimos, y el caballo le arrojara
si al arzón no se asiera; titubea,
ya cae, ya no cae, ya sí, no para
el caballo, y él libre se pasea,
pues su dueño perdió sentido y freno
cuando mi lanza fue rayo sin trueno.

Aquí el de Parma me provoca al duelo;
la fuer[te] lanza puesta ya en el ristre,

exhalaciones fuimos, que en el cielo
no hay vista perspicaz que no registre.
Su caballo se vio correr en pelo
sin silla, y sin señor que le administre,
porque en tierra cayó, y medir pudiera
lo que habrá menester cuando se muera.
    Entrando van después aventureros
por mostrar su valor mostrando fama
ya con las lanzas, ya con los aceros,
aquéste me acomete, aquél me llama;
yo, invocando el favor de los luceros
que son los bellos ojos de mi dama,
feroz en los estribos me levanto,
matando unos de herida, otros de espanto.
    Todo es aplauso, todo alegres voces,
crece la admiración, la noche llega,
aquéllos con valor, éstos feroces,
todos me embisten, invención fue griega;
corren ligeros, sombras son veloces,
aquél repara, el otro no sosiega,
discurro sin pensar, cólera tengo,
muchos me cercan, el agravio vengo.
    Las damas dicen: «Paz». El Sol se puso.
Suena «España» una voz, otra «Victoria».
Pasmó lo noble, el vulgo va confuso,
salgo sin mí, tú estás en mi memoria;
dichas prevengo, de feliz me aviso,
hallóme mi pesar, perdí mi gloria;
tuyo en efeto soy, y mis deseos
servirán a tus plantas de trofeos.

Serafina   Debo estar agradecida.

Fadrique   Y, ¿cuándo lo mostrarás,

	si hoy un favor no me das?
Serafina	Basta no estar ofendida.
Fadrique	¿De qué?
Serafina	De que me han contado que un guante rompiste mío.
Fadrique	Dueño fue de mi albedrío, mirad si está bien guardado; pero si éste se cayó favor no es vuestro, señora; dadme algún favor agora en que veo claro yo, sin los visos de engañado, que dais premio a tanta fe.
Serafina	Hoy un favor os daré.
Fadrique	¿Aún no estoy examinado de todo punto? Yo sí que me pudiera quejar de vos, de ver olvidar la media banda que os di.
Serafina	Si es ésta, ¿qué pretendéis de favores lisonjeros?
Fadrique	Vivir, para agradeceros que esa banda no olvidéis.
Serafina	No, no me juzguéis amante.

Fadrique	¿Qué queréis con tantos fieros?
Serafina	Vivir para agradeceros que no olvidéis ese guante.

(Vanse y salen Flores y Ramón. [Decoración de jardín.])

Flores	Licencia esta noche ha dado su alteza de hacer terrero a cualquier caballero.
Ramón	¿Don Fadrique está avisado?
Flores	Ve tú y avísale presto; que yo me quiero quedar ocupando este lugar porque nadie llegue al puesto.

(Salen a lo alto Porcia y Elisa.)

Porcia	Elisa, por tu consejo hago esfuerzos, y me inclino desde hoy al duque de Urbino; la española afición dejo. Para olvidarle, ¿qué haré cuando su amor me detiene?
Elisa	Piensa, ¿qué defectos tiene? Di males de él.
Porcia	Sí, diré.
Elisa	¡Oh, si te viese duquesa!

Porcia	Con esperanzas estoy,
	y aunque fingida lo soy,
	de serlo así no me pesa.
	Canta alguna cosa, amiga.
Elisa	¿Qué letra quieres que cante?
Porcia	Una que mi mal espante,
	una que engaños me diga.

(Canta.)

Elisa	«Esperanzas lisonjeras,
	ique solo tormento dais,
	mientras vivís y pasáis
	como verdes primaveras!»

(Serafina en lo alto.)

Serafina	Porcia, ¿música sin mí?
Porcia	¿Qué no es vuestro, mi señora?
Elisa	A cantar empecé agora.
Serafina	¿Ha venido alguno?
Flores	Sí.
Serafina	¿Qué caballero ha llegado?
Elisa	¿Quién mi música oyó?
Flores	Yo.

94

Elisa	¿Mas tu voz no sonó?
Flores	No; porque yo canto endiablado. El duque de Urbino vino. Si halla en su clamor amor, será el disfavor favor, y tu desatino tino; que enamorado estoy hoy.
Elisa	¡Qué lenguaje barbarismo!
Flores	Soy el eco de mí mismo. Ya he dicho que Urbino soy; no me han de ocupar el puesto tres de duques, como de ases.
Porcia	Hoy temí que te cansases; galán saliste y dispuesto, y aún estábamos las dos en las rejas de estas salas alabando tantas galas con gusto.
Flores	Mas, juro a Dios...
Porcia	Bien la empresa no se veía; decídnosla.
Flores	Fue extremada. Una pandorga pintada y así la letra decía: «Amor no quiere pandorgas;

mas, ¿qué se nos da a los dos
si yo no soy el pandorgo,
ni sois la pandorga vos?»

Porcia   ¡Qué mal mote!

Flores   Es misterioso.
....
....
.... [-oso].

Porcia   La empresa del de Ferrara
quisiera saber.

Flores   Admira:
Un hombre pintó que mira
si es la noche oscura o clara;
la ventana erró, y por eso
las alacenas abría
y así la letra decía:
«Oscuro está y huele a queso.»

Elisa   ¿Corría buen temporal?

Flores   Para ratones, señora.

(Sale don Fadrique.)

Fadrique (Aparte.)   (Pensaba yo que no es hora
y tardé, pensando mal.
Ocupado está el terrero.
Flores es quien le ocupó.
Pero aunque [ya me avisó],
escucharéle primero.)

Serafina	La del español queremos.
Flores	Entre sus plumas y galas, pintó un Fénix con sus alas quemándose los extremos.
Porcia	¿La letra?
Flores	«Bruto amó a Porcia, pero yo, español astuto, amo a Porcia y no soy bruto.» .... [-orcia].
Porcia	Aún las mejores son esas.
Flores	Tal es el españolete.
Fadrique (Aparte.)	(Sin duda es él.) Flores, vete.
Flores	Fáltanme dos mil empresas. Otro en la empresa ha pintado un doctor con su orinal, y un mercader que el caudal en bayetas ha empleado; era el mercader poeta, y la letra es de primor: «Ando tras este doctor para vender mi bayeta.»
Fadrique	Vete, loco.
Flores	Ya me voy.

(Vase y salen los tres duques.)

Ferrara   El lugar nos han tomado.

Urbino   Pena de quien ha tardado.
                 .... [-oy].
                    ....
                    ....
                    ....

Parma   Breve será si es dichoso.

Ferrara   ¿Quién es?

Fadrique   ¿Quién lo pregunta?

Ferrara   Es el duque de Ferrara.

Fadrique   Don Fadrique, el que está aquí.

Ferrara   Si nos permiten la entrada
                 a esos jardines, adonde
                 cae la luz de esa ventana
                 porque en debido respeto
                 hablar podemos las damas,
                 no seréis cortés si veis,
                 cuando la duques aguarda,
                 que hable Porcia y no su alteza.

Serafina   Escuchemos lo que pasa.
                    ....

Fadrique   No ha mucho que en la estacada,

ya he dicho, ya he sustentado
en esta pública plaza,
que a la dama que yo sirvo
ninguna del mundo iguala;
y querer que deje el puesto
es volver a la demanda.

Urbino   Luego, ¿vos imagináis
que el salir de fiesta y gala
a la calle en un caballo
y correr dos o tres lanzas
es una gran valentía,
y que el reñir en campaña
de veras será lo propio?

Fadrique   Sé que puse aquí las plantas
para no volver atrás.

Porcia   Sin duda que le maltratan
si tú no bajas, señora.

Serafina   Mira, Porcia, que te engañas.

Elisa   No engaña, señora mía;
que no es vencer en campaña
ser más diestro torneante.

Serafina   ¿Tú tienes desconfianza
de don Fadrique?

Porcia   Sí, tengo,
porque son verdades claras
las que esos señores dicen.

Serafina	Ya me tenéis despechada
	las dos, y los tres cobardes
	que allá blasonan me agravian;
	sea locura o capricho,
	yo os veré desengañadas.
	Caballeros... ¿A quién digo?...
	Del que ese lienzo nos traiga.
(Arroja un lienzo.)	la duquesa o yo seremos.
Porcia	Eso es beber sangre humana;
	entrañas tienes de tigre.
Parma	Será del duque de Parma.
Urbino	Será del duque de Urbino.
Ferrara	Decid que es del de Ferrara.
Fadrique	¿A quién digo? ¿Ah, caballeros?
	Determinen ya quien gana
	esa victoria del lienzo,
	porque después de ganada
	me le dé quien le tuviere.
Urbino	¡Qué soberbia!
Ferrara	¡Qué arrogancia!
Serafina	Con la rabia que me dieron
	vuestras villanas palabras,
	no supe lo que me hice.
Porcia	Baja a remediallo, vaya.

(Vanse las damas.)

Fadrique

Con modestia lo pedía,
pero si soberbia llaman
pedirlo del uno, agora
a todos es la demanda.
Denme el lienzo, caballeros.

Urbino

Ya no son esas palabras
nacidas de bizarría,
sino de soberbia y tanta
que a ser cobarde llega;
y aun es acción temeraria.
Reñir con uno no quiere
cuando a tres juntos agravia,
si es forzoso que los tres
ni riñamos con ventaja.

Fadrique

¡Buen remedio! Si los dos
dan el lienzo al uno, llana
queda la cuestión conmigo.

Parma

Por castigar tu arrogancia
con el lienzo te dejamos.

Urbino

Español, ¿qué confianza
te alienta a tanta soberbia?

Fadrique

Ésta es, que «español» me llamas.

Urbino

Bien está advertido. Agora,
español, que solo hablas
conmigo que el lienzo tengo...

Ferrara	¡Arrogancia temeraria! Escucha, duque de Urbino, ¿no adviertes y no reparas que si es Porcia quien le echó, es prenda de una criada, y no te toca el tenerla? Y si ha ofrecido ser dama de quien le lleve, ¿qué importa si don Fadrique le gana? ....
Urbino	Bien está advertido. ¡Basta! quiero darte aqueste gusto; si esta prenda es de tu dama, tómala, alienta con ello, cobra nueva vida, alcanza ese favor que deseas; porque sea más hazaña matarte yo, y ese lienzo te servirá de mortaja.
Fadrique	¿El lienzo, al fin, me entregaste?
Urbino	Si, porque es de una criada y no es prenda de mi dueño. .... De la duquesa no es prenda digna de mi mano, y bastan ya tus réplicas.
Fadrique	El lienzo que a ti temor te causaba... .... El lienzo que te acobarda,

me da a mí tanto valor;
que es reñir con gran ventaja
el reñir solo con uno,
y así con los tres se iguala.
Ya estamos tantos a tantos.
Desocupen la campaña.

(Acuchíllense. Vanse y salen Porcia y Serafina.)

Porcia   ¡Baste, baste caballeros!
                ¿En mis jardines espadas?

Serafina   Es un rayo don Fadrique.
                Dueño mis ojos le llaman,
                ya mi desdén se acabó,
                la corriente de mis ansias
                se ha desatado. ¡Ay de mí!
                Él es dueño de mi alma.

(Sale don Fadrique con la espada desnuda y el lienzo en la mano.)

Fadrique   Si este lienzo es el favor
                que me tenéis ofrecido,
                de vos no le he recibido
                que le ganó mi valor.
                Si venda fue del Amor,
                ya Amor verá que es despecho
                haber de mis riesgos hecho
                vuestros livianos antojos;
                si hay piedad en estos ojos,
                ¿cómo hay tigres en el pecho?
                    Cuatro vidas arriesgáis.
                Mal, señora, me querréis.
                Costosa experiencia hacéis,

pues así me aventuráis.
Tomad el favor que dais;
llamarle favor no es bien,
desdén sí, y rigor también;
y así, aunque el lienzo he ganado,
vengo a ser el desdichado
pues gozo vuestro desdén.
    En Castilla sucedió
que una dama arrojó un guante
en presencia de su amante
a unos leones. Entró
el galán y le sacó
y luego a su dama infiel
le dio en el rostro con él.
Agravios no haré tan raros,
pero tengo de imitaros
en ser conmigo cruel.
    Quedad, señora, con Dios,
que yo me voy ofendido
de mí, por agradecido,
por ser ingrata, de vos.
Mal estaremos los dos
en dos extremos tan raros.
Quiero ausentarme y dejaros.
Perderme quiero y perderos.
Quiero morir de no veros
cuando vivo de adoraros.
    El alma en vos divertida
goza con dichosa suerte,
vida que parece muerte,
muerte que parece vida.
Y si es la gloria fingida
y es la pena verdadera,
más vale que ausente muera

donde el morir es morir.
Sin duda que no es vivir
el vivir de esta manera.

(Hace que se va.)

Serafina   Don Fadrique, espera, aguarda.
Yo te confieso mi error.
No fue no tenerte amor,
esperanza no gallarda
de que tu espada te aguarda.
Cuando la ocasión te di,
victoria me prometí.
Nunca recelé tu muerte,
porque vide que el perderte
era más perderme a mí.
   Si a la dama castellana
dio su amante un bofetón,
tienes la misma razón.
Borre tu mano la grana
de mi rostro, y si villana
tu mano parecería,
defendiéndome este día
amante tan soberano,
señor, no te falte mano.
Aquí tienes ésta mía.

(Salen los tres duques.)   Aunque a los tres descontente,
mi capricho logro así,
pues un amante elegí
galán, discreto y valiente.
Amor niño finge y miente.
Yo, duques, soy Serafina,
que así mi amor determina
quien me quiere o aborrece.

(A Fadrique.)	Mantua a vuestros pies se ofrece.
Fadrique	Más quiero esa luz divina.
Ferrara	¡Vive Dios! Que merecéis por este agravio esta injuria, que a Mantua abrase mi furia. Hoy mi cólera veréis.
Urbino	Ferrara, no os enojéis de lo que a mí me tocó.
Fadrique	¿Qué bárbaro se atrevió así delante su alteza arriesgando su cabeza?
Ferrara	¿Quién dará ese riesgo?
Fadrique	Yo.
(Sale Flores.)	
Flores	Y yo el cuchillo daré agora que hay ocasiones de dejar estos girones quien loco en su seso fue. No me pregunten por qué. Juana Flores fue mi madre. No hay locura que me cuadre; confieso que cuerdo estoy, mientras no digo que soy el rey, el papa, o Dios padre.
Urbino	Yo adoré; no me ha pesado.

Serafina	Yo tengo dueño, en efeto, galán, valiente y discreto.
Parma	Yo el premio de enamorado.
Fadrique	Yo el pago de mi cuidado.
Urbino	Yo he sido siempre engañado.
Ferrara	Yo, aunque en Mantua más blasonen, hallo partes que me abonen.
Serafina	Yo la dichosa fui.
Flores	La comedia acaba aquí; vuestras mercedes perdonen.

Fin de la comedia

Libros a la carta

A la carta es un servicio especializado para
empresas,
librerías,
bibliotecas,
editoriales
y centros de enseñanza;
y permite confeccionar libros que, por su formato y concepción, sirven a los propósitos más específicos de estas instituciones.

Las empresas nos encargan ediciones personalizadas para marketing editorial o para regalos institucionales. Y los interesados solicitan, a título personal, ediciones antiguas, o no disponibles en el mercado; y las acompañan con notas y comentarios críticos.

Las ediciones tienen como apoyo un libro de estilo con todo tipo de referencias sobre los criterios de tratamiento tipográfico aplicados a nuestros libros que puede ser consultado en Linkgua-ediciones.com.

Linkgua edita por encargo diferentes versiones de una misma obra con distintos tratamientos ortotipográficos (actualizaciones de carácter divulgativo de un clásico, o versiones estrictamente fieles a la edición original de referencia). Este servicio de ediciones a la carta le permitirá, si usted se dedica a la enseñanza, tener una forma de hacer pública su interpretación de un texto y, sobre una versión digitalizada «base», usted podrá introducir interpretaciones del texto fuente. Es un tópico que los profesores denuncien en clase los desmanes de una edición, o vayan comentando errores de interpretación de un texto y esta es una solución útil a esa necesidad del mundo académico.

Asimismo publicamos de manera sistemática, en un mismo catálogo, tesis doctorales y actas de congresos académicos, que son distribuidas a través de nuestra Web.

El servicio de «libros a la carta» funciona de dos formas.

1. Tenemos un fondo de libros digitalizados que usted puede personalizar en tiradas de al menos cinco ejemplares. Estas personalizaciones pueden ser de todo tipo: añadir notas de clase para uso de un grupo de estudiantes, introducir logos corporativos para uso con fines de marketing empresarial, etc. etc.

2. Buscamos libros descatalogados de otras editoriales y los reeditamos en tiradas cortas a petición de un cliente.